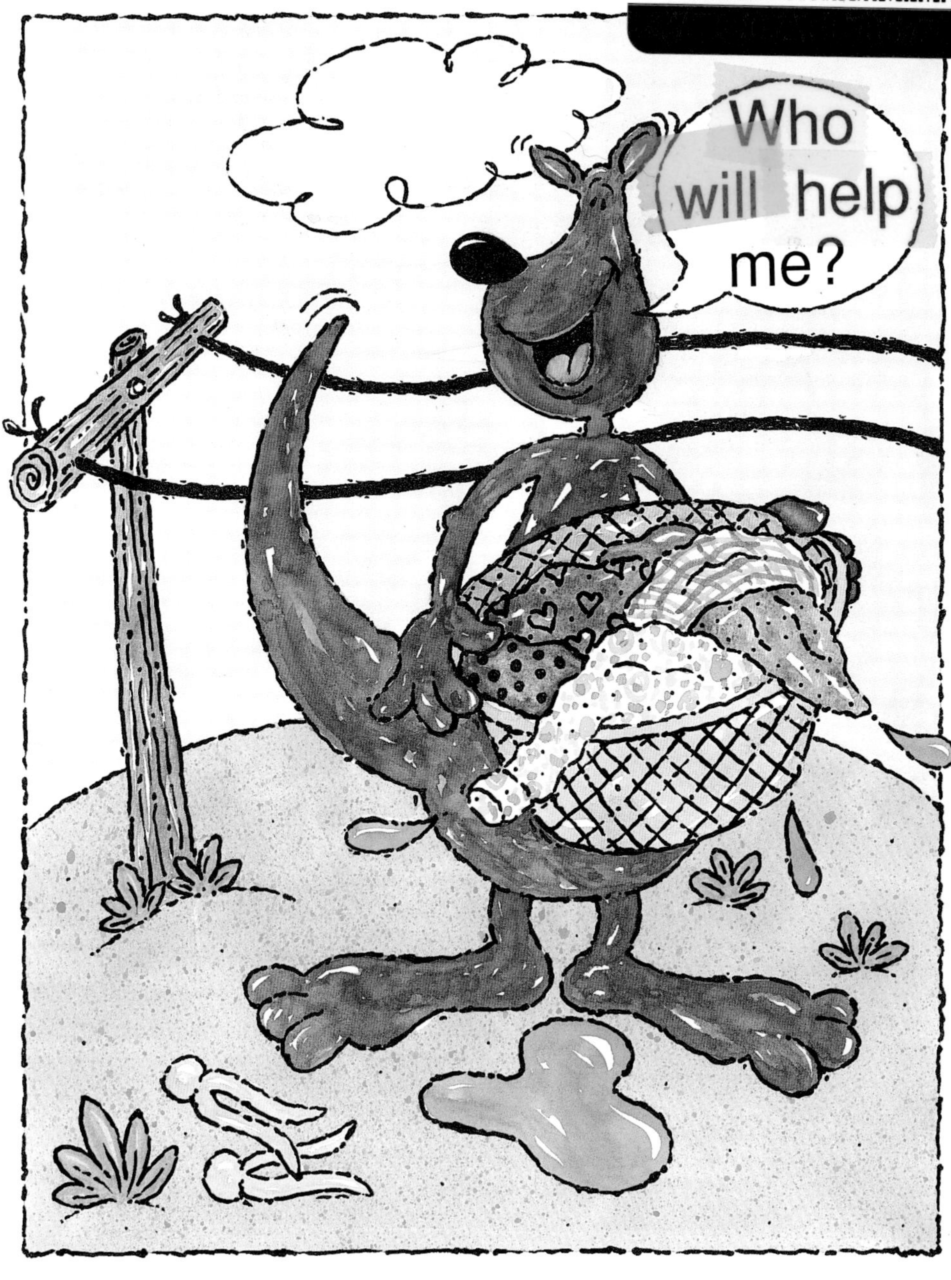
Who will help me?

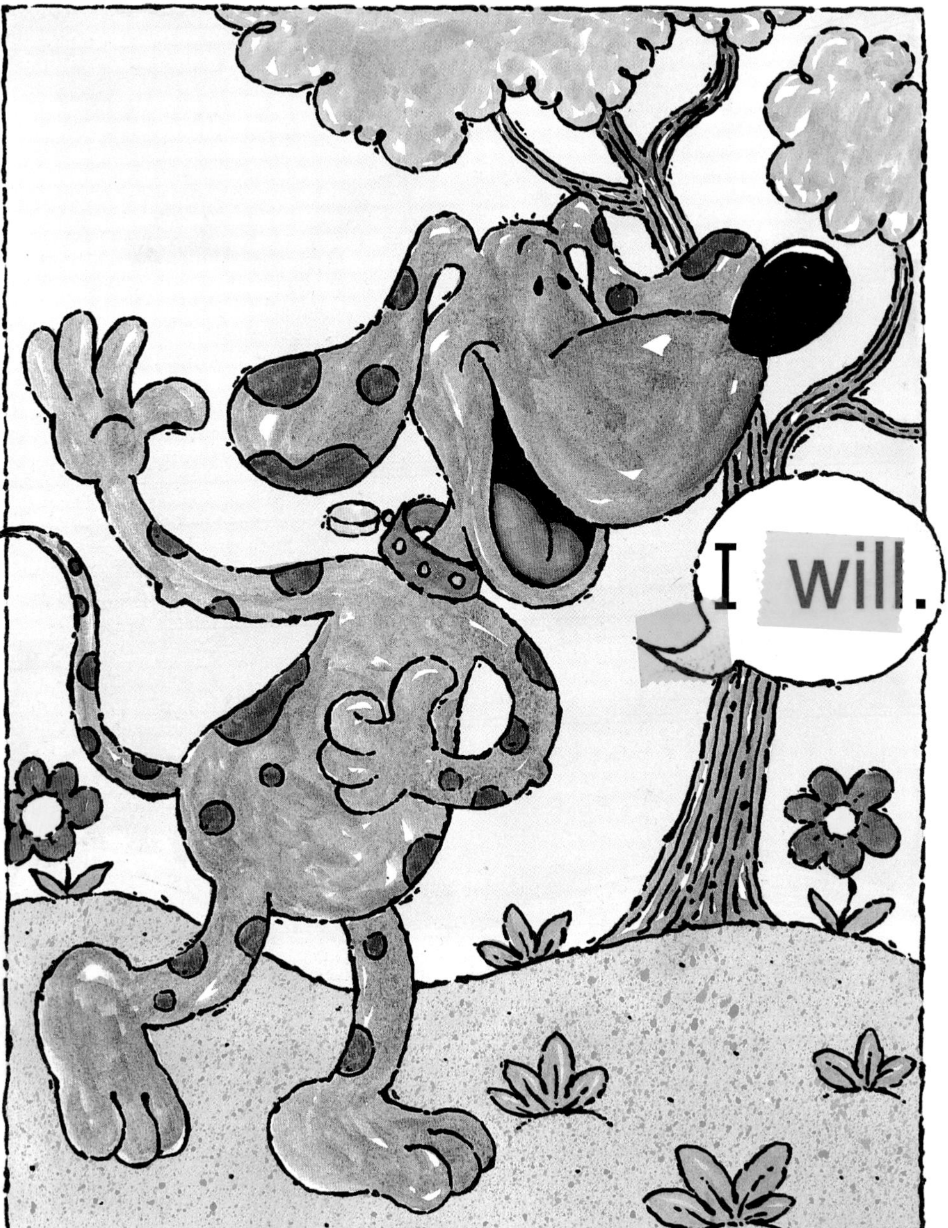
I will.

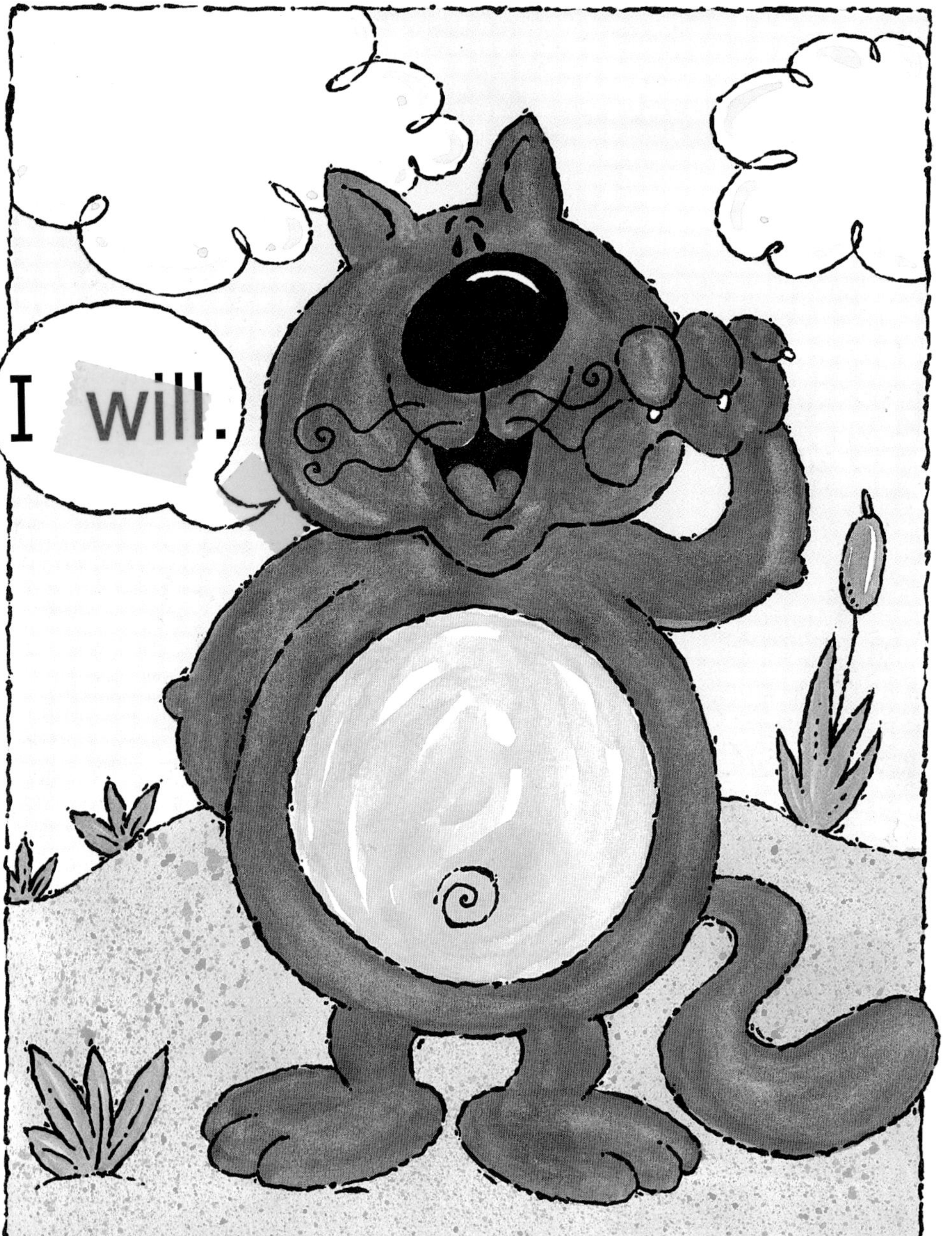
I will.

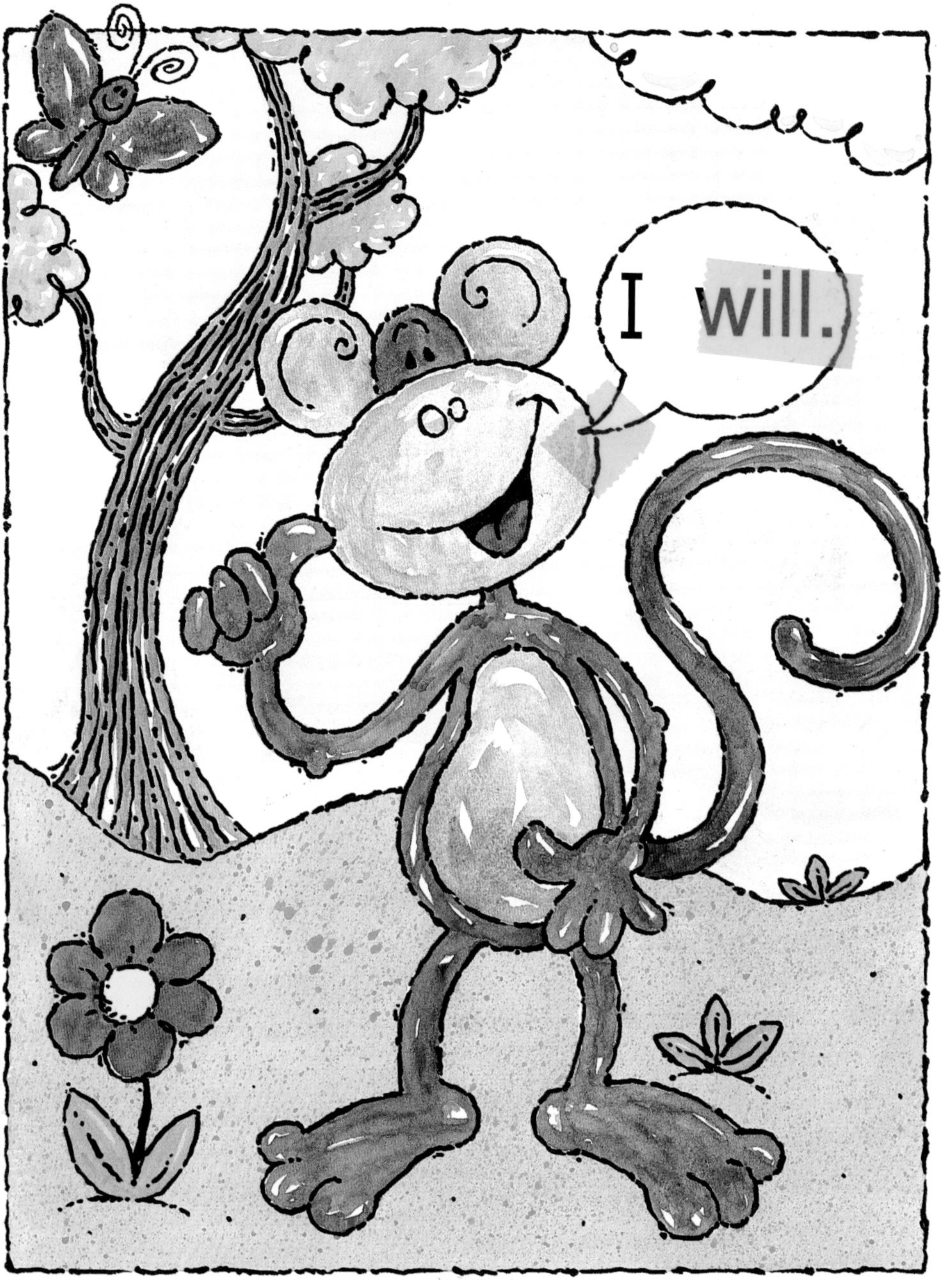
I will.

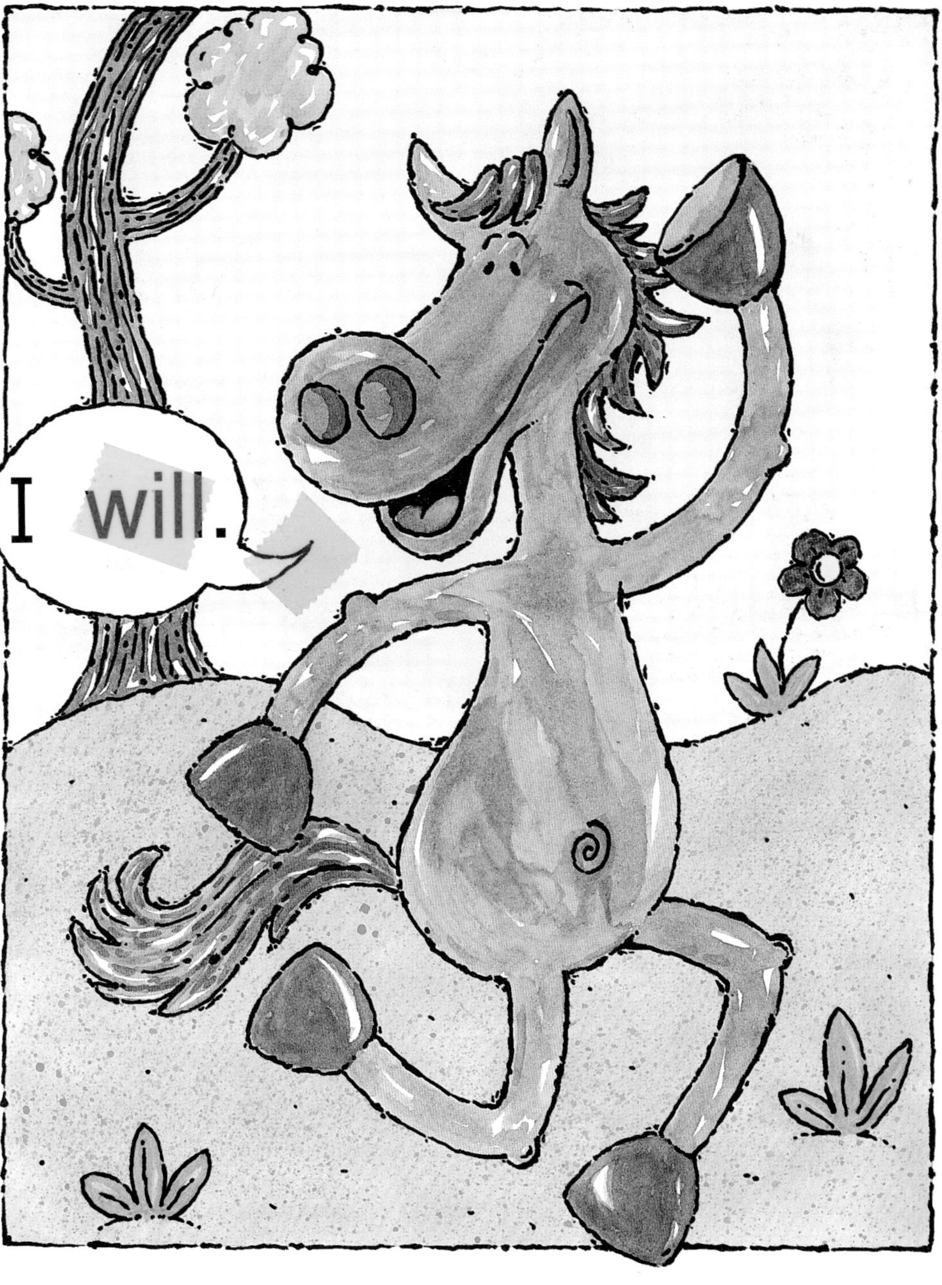
I will.

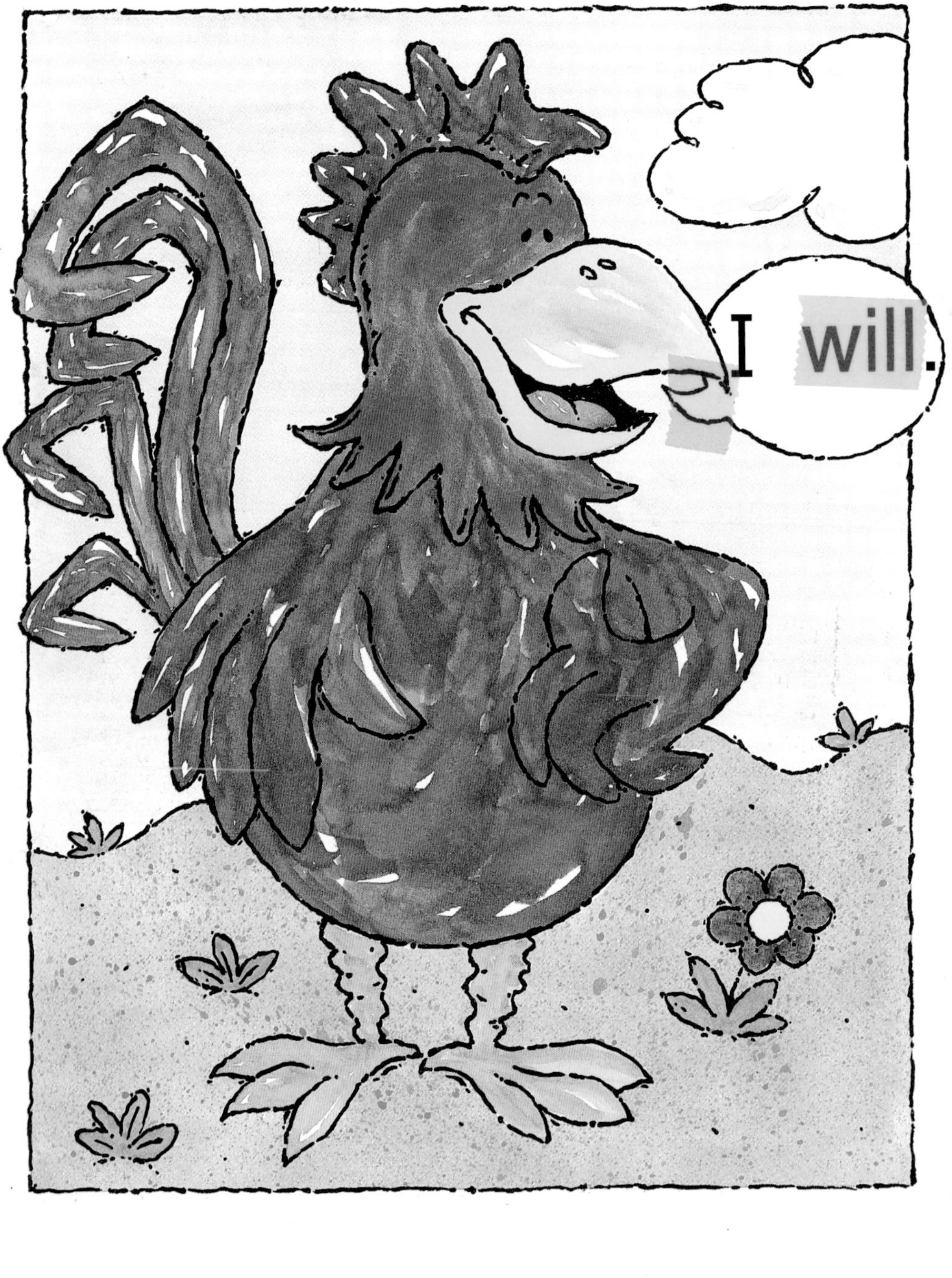
I will.

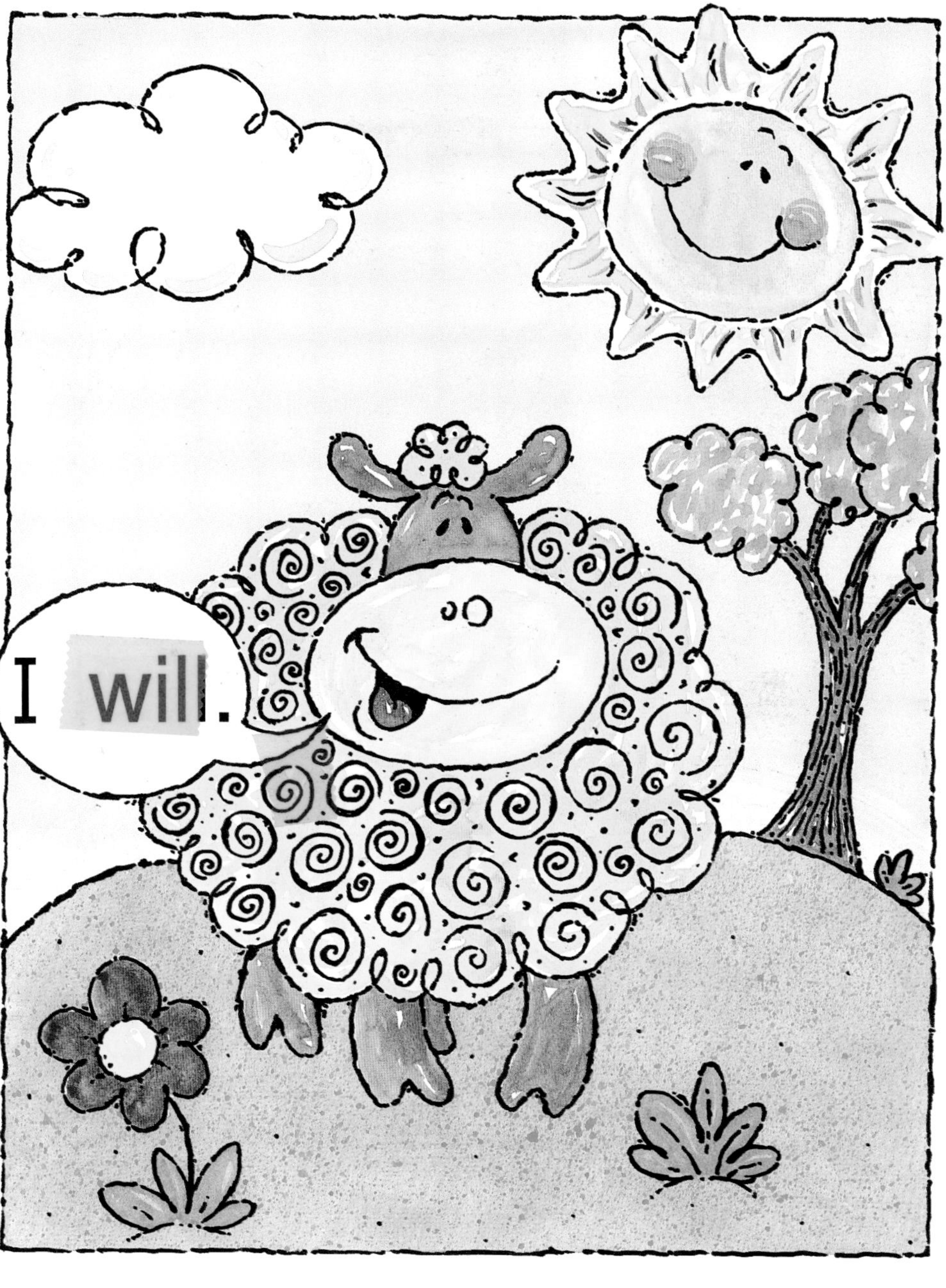
I will.

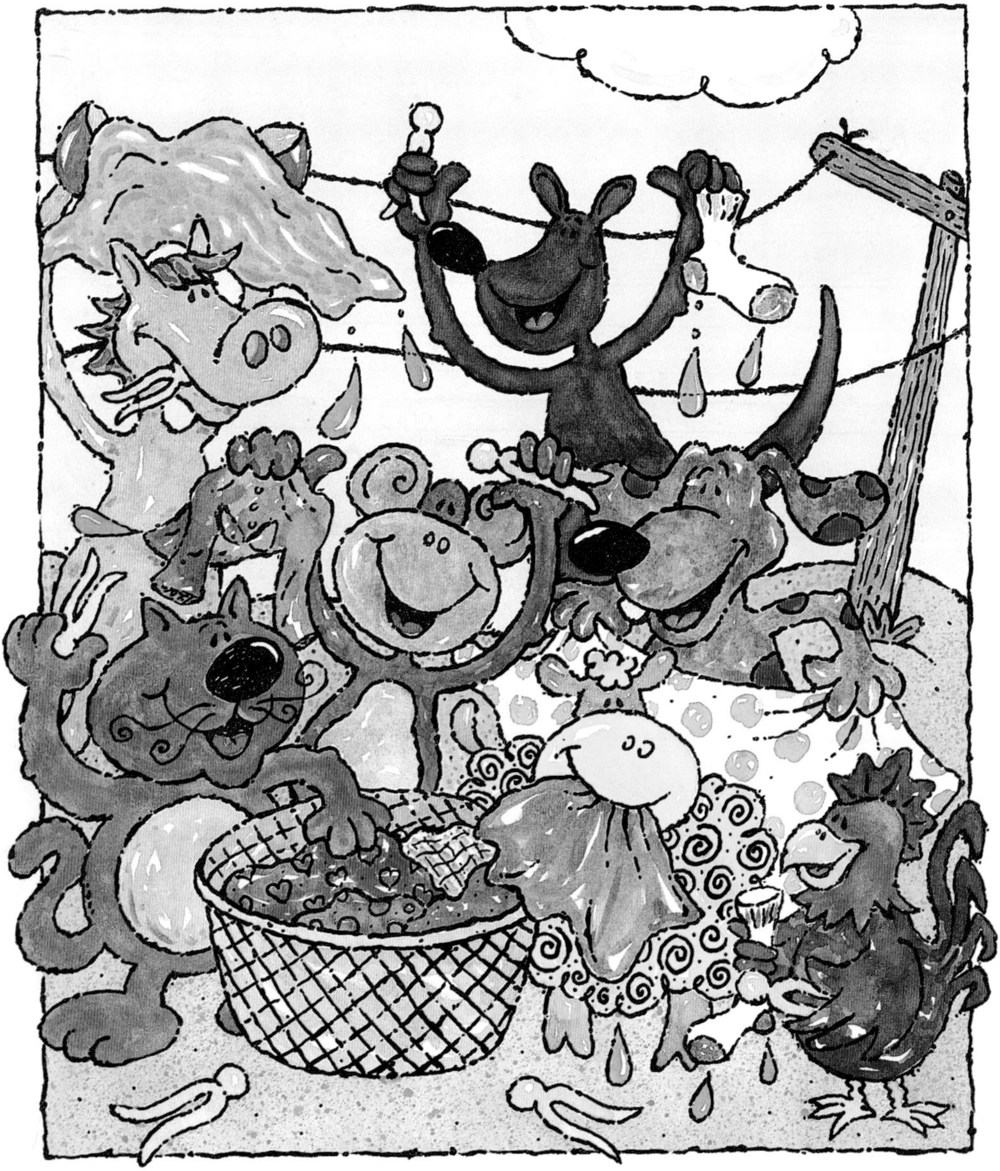

We all will help.